Kosmos-Uni für Kinder

Umschlaggestaltung: Ekkehard Drechsel unter Verwendung
von Illustrationen von Wolfgang Lang und einer Fotografie von Ernst Fesseler,
Fotoagentur Drumlin, Bad Waldsee
Umschlag- und Innenillustrationen von Wolfgang Lang

Weitere Bände der Kosmos-Uni für Kinder findest du im Buchhandel.
Siehe auch S. 64

Dieses Buch folgt den Regeln der neuen Rechtschreibung.

Bibliografische Informationen Der Deutschen Bibliothek
Die Deutsche Bibliothek verzeichnet diese Publikation in der
Deutschen Nationalbiografie; detaillierte bibliografische Daten
sind im Internet über http://dnb.ddb.de abrufbar.

ISBN: 3-440-09891-5
Konzeption: Silke Arnold
Lektorat: lüra – Klemt & Mues GbR, Wuppertal
Produktion: Ralf Paucke
Gestaltung: eStudio Calamar, Ralf Paucke
Satz: Isabell Schart, Eva Schmidt
Printed in Slovakia / Imprimé en Slovaquie

Kosmos-Uni für Kinder

Pferde und Ponys

von Dipl. Biologin Gea Olbricht

KOSMOS

Inhalt

Vorfahren und Verwandte – Wie entstanden aus Urpferden Reitpferde?

Wann gab es die ersten Pferde?

Pferde, wie wir sie heute kennen, gibt es seit etwa vier Millionen Jahren. Neben den Wildpferden gehören auch Zebras, Wildesel und Halbesel zur Familie der Pferde.
Doch schon viel früher, vor ungefähr 70 Millionen Jahren lebten in vielen Teilen der Welt Tiere von der Größe eines Fuchses. Bei Knochenfunden aus der Urzeit stellten Wissenschaftler fest, dass es sich dabei um Urpferdchen handelte. Diese lebten in feuchten Wäldern und fraßen Blätter. Anders als die heutigen Pferde, die nur noch eine Zehe haben, liefen sie auf Fußsohlen mit vorn vier und hinten drei Zehen.
Die Urpferdchen hatten einen runden Rücken.
Vor etwa 35 bis 40 Millionen Jahren starben die Urpferde in Asien und Europa aus, sie überlebten nur in Nordamerika. Vor etwa 20 Millionen Jahren wurde das Klima trockener. Wo zuvor dichte Wälder wuchsen, entstanden Graslandschaften, an die sich die Vorfahren unserer Pferde nun anpassen mussten.

Urpferd (Eohippus)

Gab es überall auf der Welt Pferde?

Heute gibt es überall auf der Welt Pferde. Doch das war nicht immer so. Vor etwa vier Millionen Jahren wanderten sie von Nordamerika (→ S. 6) aus nach Asien, Afrika und Europa. In Nordamerika starben sie dann vor etwa 8 000 Jahren aus. In Asien und Europa überlebten die Urwildpferde die Eiszeit, die immerhin 800 000 Jahre dauerte. Vor etwa 6 000 Jahren bildeten sich hier vier Typen heraus: Im Norden von Sibirien lebte das Tundrenpferd und in der Mongolei und China das Przewalski-Pferd. In Nordeuropa kam das stämmige Waldpferd vor, wahrscheinlich der Urahne der schweren europäischen Kaltblutrassen (→ S. 16). In Osteuropa gab es den schlanken Tarpan. Przewalski-Pferde und Tarpane gibt es heute nur noch ganz wenige. Nach Amerika gelangten Pferde erst wieder vor etwa 450 Jahren durch den Menschen.

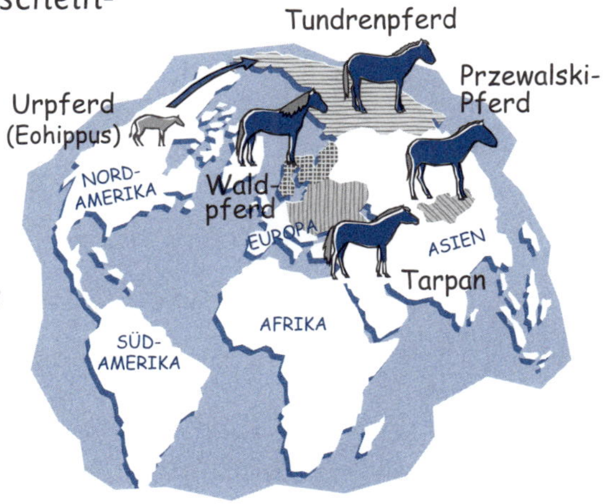

Wie wurde das Wildpferd zum Haustier?

Bereits lange vor dem Pferd wurden Kühe, Schafe, Ziegen und Hunde als Haustiere gehalten. Das Pferd war als Fluchttier sehr schnell, die Menschen konnten es nicht einfangen. Sie betrachteten es als Beute und jagten es mit Wurfspeeren.
Wahrscheinlich gelang irgendwann der Fang von hochträchtigen und daher unbeweglicheren Stuten. Die Stuten wurden gemolken und die Fohlen geschlachtet. Einige Fohlen überlebten und wurden zahm. Erfolgt diese Zähmung über lange Zeit hinweg immer wieder, nennen Wissenschaftler das Domestikation. Die Entwicklung des Pferdes zum Haustier begann vor etwa 6 000 Jahren in Europa und Asien. Erst viel später hielt man Pferde nicht nur als Fleisch- und Milchlieferanten, sondern auch als Träger von Lasten.
Aus Zufall oder Neugier kam irgendwann jemand auf die Idee, einem Pferd doch einmal einen Menschen auf den Rücken zu setzen. Es gibt keine Angaben darüber, wann das Pferd zum ersten Mal geritten wurde.

Warum gibt es heute so viele verschiedene Pferde?

Nachdem die Urwildpferde nach Europa, Asien und Afrika gewandert waren (→ S. 7), trennten sich die Entwicklungslinien voneinander. Die Pferde fanden ganz unterschiedliche Lebensräume vor. Die Tiere konnten nur überleben, wenn sie sich den Bedingungen ihrer Umgebung anpassten. Größe, Haarkleid und Zähne veränderten sich. Die Umwelt und die Verwandtschaft der Pferde in einem Gebiet führte zu ähnlichen Körpermerkmalen wie Fellfarbe oder Größe und die Art, sich zu bewegen. Einige Ponyrassen und die Araber- und Berberpferde haben sich bis heute wenig verändert. Man kann sie daher als „natürliche Rassen" bezeichnen. Die meisten Pferderassen sind jedoch durch menschlichen Einfluss entstanden. Der Züchter wählt über einen längeren Zeitraum Tiere mit bestimmten Merkmalen aus (→ S. 10). Diese Tiere pflanzen sich miteinander fort, ihre Nachkommen tragen die vom Züchter gewünschten Merkmale, die dann für alle Pferde dieser besonderen Rasse typisch sind.

Wie viele Pferderassen gibt es?

Diese Frage ist nur schwer zu beantworten. Es entstanden im Laufe der Jahrhunderte durch das gewollte Vermischen von Pferderassen (→ S. 9) ständig neue Rassen.
„Vermischen" oder „kreuzen" heißt, dass sich eine Stute und ein Hengst unterschiedlicher Rassen paaren. Der Mensch überprüft die typischen Merkmale einer Rasse. Diese müssen sich bei allen Tieren über viele Generationen hinweg immer wieder zeigen. Erst dann kann eine neue Rasse als solche anerkannt werden. Manchmal geht es aber gar nicht um die Züchtung einer neuen Rasse, wenn zwei Pferde unterschiedlicher Rassen verpaart werden. Ein typisches Beispiel dafür ist die Verwendung von Araberpferden bei der Zucht von Haflingern. Beides sind anerkannte Rassen und werden es auch bleiben. Man wünschte einfach, dass der kräftige, aus den Alpen stammende Haflinger einen etwas eleganteren Gang bekommt und nutzte dafür gelegentlich das leichtfüßige Araberpferd. Daraus entstand aber keine neue Rasse.

Gibt es noch immer Wildpferde?

Die Bezeichnungen „Wildpferd“ und „verwildertes Pferd“ werden im normalen Sprachgebrauch häufig verwechselt. Wildpferde sind direkte Nachfahren der Urwildpferde. Dazu zählen die Przewalski-Pferde aus den Steppen Asiens. Sie waren in der Wildnis schon ausgestorben, nur einige von ihnen hatten in Zoos überlebt. Ihre Nachfahren konnten inzwischen wieder in ihre Heimat zurückgebracht werden. Andere Urwildpferde, die Tarpane, kannst du in Zoos und in einer kleinen Herde in Polen sehen.
Verwilderte Pferde sind Hauspferde verschiedenster Rassen, die in die Wildnis entkommen sind. Sie leben nun wie Wildpferde. Zu den verwilderten Pferden gehören die Mustangs (→ S. 12) in Nordamerika und die Pferde in den Wüsten von Namibia und Australien. In Deutschland gibt es verwilderte Pferde, die „Dülmener Wildpferde“ genannt werden.

Was ist eigentlich ein Mustang?

In Indianergeschichten hast du sicher schon vom „wilden Mustang“ gelesen. Doch der Mustang ist kein Wildpferd. Er stammt von den Pferden ab, die vor 450 Jahren von den spanischen Eroberern auf Schiffen mit nach Amerika gebracht wurden. Einige von diesen Pferden entkamen in die weiten Grasländer (Prärien). Sie mussten sich anpassen und ihr Aussehen veränderte sich. Die Mustangs sind sehr wachsam, dabei wendig, mutig und ausdauernd. Sie sind nur zwischen 1,40 und 1,50 Meter groß, es gibt alle Fellfarben. Sie sehen recht grob und etwas zerzaust aus. Mustangs sind schwer zu zähmen. Einige wurden von Indianern eingefangen und geritten. Aus ihnen gingen auch andere Rassen hervor. Selbst das berühmte Westernpferd Quarter Horse hat Mustangblut. Vor etwa 100 Jahren gab es in Nordamerika ungefähr eine Million Mustangs. In den 1970er Jahren wurden sie massenhaft zur Fleischgewinnung abgeschlachtet. Heute sind sie gesetzlich geschützt.

Ist das Zebra auch ein Pferd?

Das Zebra ist, genau wie die Wild- und Halbesel, nahe mit unseren Pferden verwandt. Oft nennt man alle zusammen „Pferdeartige“ oder einfach nur Pferde, da sie viele gemeinsame Merkmale tragen. Anders als Wildpferde und Wildesel wurden Zebras aber nie gezähmt. Es gibt heute drei verschiedene Arten von Zebras in Afrika. In den trockenen Graslandschaften (Savannen) leben die Steppenzebras, in den Bergregionen kommen Grevy-Zebras und Bergzebras vor.

In den Gebirgen am Meer, aber auch in Wüsten findet man den afrikanischen Wildesel. Die verschiedenen Halbesel finden sich nur noch in kleinen Herden in den Steppen Asiens. Halbesel sind keine Mischlinge, sondern sie haben eigene Merkmale, die sie von den Eseln unterscheiden.

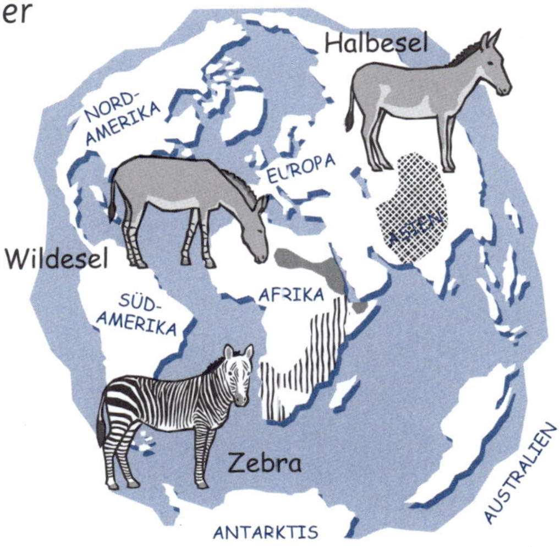

Wo leben die wilden Pferde am liebsten?

Die dichten Wälder, in denen die Urpferdchen lebten (→ S. 6), sind vor vielen zehntausenden von Jahren verschwunden. Statt dieser Wälder entstanden Graslandschaften, in denen die Vorfahren der heutigen Pferde dann lebten. Über die Jahrtausende hinweg haben sie sich mit ihrem Körperbau und ihren Lebensbedürfnissen perfekt an diese Lebensräume angepasst. Sie finden dort alles, was sie zum Leben brauchen. Ihre Backenzähne sind auf das Zermahlen harter Gräser spezialisiert. Ihre langen kräftigen Beine mit harten Hufen können sie weit tragen.

Auch die heutigen Wildpferde und ihre wilden Verwandten durchstreifen noch die Savannen, Steppen, Prärien und sogar Gebirge. Wenn Nahrung und Wasser knapp werden, unternehmen freilebende Pferde, Zebras und Esel regelmäßig große Wanderungen. Pferde müssen trinken, vor allem, wenn ihre Hauptnahrung Gras und Blätter in der Trockenzeit wenig Wasser enthält.

Was ist eigentlich ein Maultier?

Alle Pferde und ihre Verwandten können miteinander Junge bekommen. Diese Kinder nennt man Mischlinge. Seit etwa 4 000 Jahren züchtet der Mensch Mischlinge aus Hausesel und Hauspferd wegen ihrer besonderen Eigenschaften. Gegenüber dem Esel besitzen sie als Tier zum Tragen und Ziehen von Lasten eine größere Ausdauer. Im Vergleich zum Pferd sind sie ruhiger. Wenn die Mutter ein Pferd ist und der Vater ein Esel, entstehen Mulis oder Maultiere. Maulesel dagegen stammen aus der Verbindung einer Eselin mit einem Pferdehengst.
Das Maultier lässt sich leichter züchten. Es ist auch beliebter, weil es meist größer ist als der Maulesel. Das Maultier ähnelt mit seinen langen Ohren, der Form des Kopfes und der Mähne im Aussehen mehr dem Esel als der Maulesel.
Männliche Mulis und Maultiere sind immer unfruchtbar, Weibchen können manchmal Junge bekommen.

Haben Kaltblüter kaltes Blut?

Kaltblüter sind schwere, kräftige Pferde. Sie haben nicht etwa eine geringere Körpertemperatur, sondern ein ruhiges Temperament. Cool und ruhig, so sind Kaltblüter. Diese gutmütigen Rassen hatten als Arbeitspferde früher eine große Bedeutung. Sie arbeiteten als Zugpferde, auch Bierkutscherpferde genannt, und im Wald, in Mühlen, in Bergwerken oder an Eisenbahnstrecken.

Vollblüter hingegen sind eher nervös, temperamentvoll und leichter gebaut. Der Name hat nichts mit der Blutmenge im Körper zu tun, sondern man will damit auf sein starkes Temperament hinweisen. Für diese leichtfüßigen, eleganten Pferderassen ist das Araberpferd typisch. Sein direkter Abkömmling ist das Englische Vollblut, aber selbst in den schweren Kaltblutrassen ist sein Einfluss spürbar (→ S. 10). Als Arbeitspferde sind Vollblüter ungeeignet, sie werden als Rennpferde genutzt. Dazwischen liegen alle anderen Pferderassen, die man unter Warmblüter zusammenfasst.

Ist das Einhorn auch ein Pferd?

Ein Einhorn hast du sicher schon einmal in Büchern oder Filmen gesehen. Dieses Fabelwesen haben sich Menschen ausgedacht. Es sieht einem Pferd sehr ähnlich, oft ist es weiß. Auf der Stirn trägt dieses sanfte Wesen ein gedrehtes Horn. Das Einhorn steht als Sinnbild für Reinheit und Kraft.

Es gibt noch viele andere Fabelwesen, die Pferden ähnlich sehen, zum Beispiel Zentaur und Pegasus aus der griechischen Sage. Zentaur besteht aus einem Pferdekörper mit dem Oberkörper eines Mannes. Pegasus trägt Flügel. Eine griechische Sage erzählt vom Trojanischen Pferd. Zehn Jahre lang hatten die Griechen vergeblich die Stadt Troja belagert. Schließlich zogen sie ab, ließen aber ein riesiges, hölzernes Pferd vor den Toren der Stadt zurück. Neugierig zogen die Bewohner dieses Pferd in ihre Stadt hinein. In der Nacht kletterten die griechischen Krieger aus seinem Bauch und konnten die Stadt erobern.

Aussehen und Verhalten – Was ist das Besondere am Pferd?

Wo hat das Pferd sein Knie?

Viele Menschen vermuten das Knie beim Pferd an einer völlig falschen Stelle, nämlich in der Mitte des sichtbaren Beins. Der Oberschenkel ist aber im Verhältnis zum ganzen Bein recht kurz, so dass sich das Knie viel näher am Bauch befindet als beim Menschen. Das Pferd ist ein schneller und ausdauernder Läufer über lange Strecken. Dabei dient das Kniegelenk als Stoßdämpfer und sorgt für die Beweglichkeit der Beine. Es federt die schnellen Bewegungen beim Laufen ab. Für die Schnelligkeit des Pferdes und seine Sprungkraft sind die kräftigen Muskeln am Körper zuständig. Die Wirbelsäule ist so beweglich, dass die Muskelkraft der Hinterbeine nach vorn auf den Rest des Körpers geschoben, also übertragen wird.

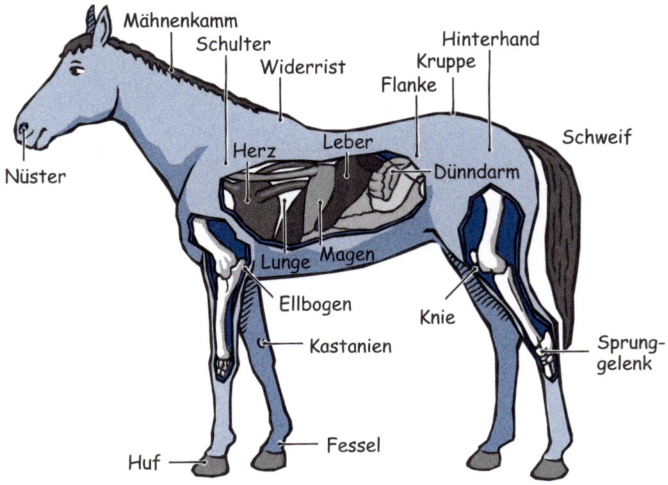

Wieso kann ein Fuchs ein Pferd sein?

Füchse nennt man Pferde, die am ganzen Körper rot- bis goldbraun sind – so wie ein Fuchs eben. Auch Mähne und Schweif haben diese Farben. Eine ähnliche Farbe hat ein Brauner, dessen Schweif und Mähne aber schwarz sind. Es gibt auch ganz schwarze Pferde (Rappen) oder ganz weiße (Schimmel).

Neben diesen vier Grundfarben gibt es tausende von Farbkombinationen. Bei den meisten Pferderassen sind verschiedene Fellfarben möglich, aber einige Rassen schreiben eine bestimmte Farbe als Rassemerkmal vor. Zum Beispiel sind Friesen immer schwarz. Einige zweifarbige Pferde (Schecken) bilden keine einheitliche Rasse, man nennt sie Farbzucht. Dazu gehören zum Beispiel die Pintos.

Wildpferde haben in der Regel eine grau-gelbe Tarnfarbe. Erst nachdem aus dem Wildpferd das Hauspferd wurde, entwickelte sich durch die Auswahl des Menschen eine große Vielfalt an Farben.

Was versteht man unter Abzeichen?

Abzeichen sind weiße Haarstellen an Kopf, Körper und Beinen des Pferdes. Die Haut unter diesen Stellen ist immer rosa. Sie besitzt an diesen Stellen keine Farbstoffe (Pigmente). Sonst ist die Haut eines Pferdes eher dunkel. In der Abbildung kannst du verschiedene Formen von Abzeichen sehen. Abzeichen sind angeboren. Mit ihrer Hilfe kann man jedes Pferd genau beschreiben und wieder erkennen. Weiße Stellen im Fell entstehen aber auch durch Druck von Sattel oder Sattelgurt, man spricht dann von erworbenen Abzeichen.

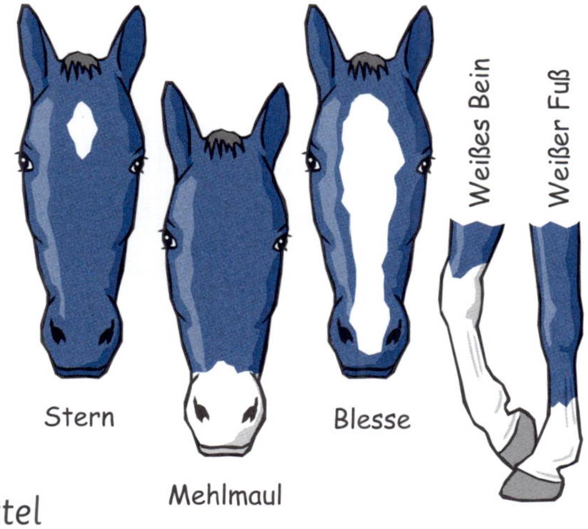

Zu den erworbenen Abzeichen zählen auch Brandzeichen (→ S. 46). Die Haut darunter ist nicht rosa, da sie als Folge der Verletzungen vernarbt ist.

Warum sind Schimmel weiß?

Die Haare von Schimmeln enthalten im Gegensatz zu schwarzen oder braunen Haaren keinen Farbstoff (Pigment). Sie sind also farblos, erscheinen uns aber weiß. Die Haut der Schimmel ist hingegen schwarz. Das Fell von Schimmelfohlen ist zunächst dunkel. Erst wenn das Fohlen sein Babyfell verliert, wird die weiße Fellfärbung sichtbar. Mit etwa zehn Jahren ist ein Schimmel richtig weiß. Ein Schimmel wird nur dann geboren, wenn wenigstens ein Elternteil Schimmel ist. Die meisten Schimmel zeigen ganz bestimmte Muster in ihrem Fell. Man nennt sie dann Apfel-, Tiger-, oder Fliegenschimmel. Junge Rappschimmel sind fast so schwarz wie echte Rappen. Nur einige weiße Haare verraten, dass sie immer heller werden, bis sie schließlich Schimmel sind. Pferde, die weiß geboren werden, heben sich in den Erbinformationen (Genen) deutlich von Schimmeln ab. Man unterscheidet Albinos (rosa Haut und rote Augen) und Weißgeborene (rosa Haut und blaue Augen).

Können Pferde Farben sehen?

Man weiß heute sicher, dass Pferde Farben sehen können. Sie erkennen neben Grün, Blau und Rot am besten Gelb. Rot und Grün können sie schlecht voneinander unterscheiden und sehen vieles dann nur in Grau-Braun. Man weiß aber nicht, wie „blau" sie zum Beispiel die Farbe Blau sehen. Wichtig ist, wie hell die Farbe leuchtet. Pferde sehen etwas verschwommener als Menschen. Sie erkennen einen ankommenden Menschen eher an der Stimme oder Figur, am Schritt oder am Pullover. Pferde orientieren sich in ihrem Alltag auch mehr an der Form eines Hintergrunds oder eines Gegenstands als an seiner Farbe.
In der Dämmerung sehen Pferde besser als Menschen. Im Inneren des Auges gibt es eine Schicht, die im Dunkeln gelb oder bläulich leuchtet. Sie verstärkt das restliche Licht und sorgt für gute Sicht.

Warum geraten Pferde so schnell in Panik?

Pferde sind Fluchttiere. Seit Jahrtausenden haben sie überlebt, weil sie immer alles im Auge behalten haben, um bei Gefahr blitzschnell zu fliehen.

Wildpferde sind zwar wachsam, aber nicht schreckhaft. Sie fliehen nie kopflos. Sportpferde sind oft viel schreckhafter als Wildpferde. Schuld daran ist der Mensch, der zwar Pferde auf Hochleistung züchtet, sich aber nicht für ihren Charakter interessiert. Auch hektischer Umgang macht aus Pferden Paniker. Unerwartete Veränderungen in ihrer Umgebung oder unbekannte Menschen und Fahrzeuge veranlassen schreckhafte Pferde zum Ausschlagen, Beißen, Aufbäumen oder zur Flucht. Es gibt besondere Übungen für Pferd und Mensch, damit sie den vertrauten Umgang miteinander lernen (→ S. 55). Pferde vor Kutschen tragen oft so genannte Scheuklappen an den Kopfseiten. So erschrecken sie im Straßenverkehr weniger vor den schnellen Fahrzeugen von allen Seiten.

Warum ist ein Pferd nicht gern allein?

Pferde sind gesellige Tiere. Sie leben in Herden. Die Herde gibt ihnen Sicherheit, denn viele Augenpaare sehen mehr als eins. Verlässt ein Tier in der Wildnis seine Herde, wird es sich möglichst schnell wieder an eine andere Herde anschließen. Bleibt es allein, kann es bald sterben.

Alle Pferde necken sich gern und tollen zusammen umher. Die gegenseitige Pflege ist für sie sehr wichtig. Eine typische Wildpferdfamilie besteht aus einem erwachsenen Hengst, ungefähr sechs Stuten und deren Fohlen im Alter bis zu drei Jahren. Die Führung übernimmt die wichtigste Stute, die den höchsten Rang hat. Auch der Hengst hilft beim Zusammenhalten der Herde, aber seine Aufgabe ist vor allem die Verteidigung. In Reitställen befinden sich Stuten und Wallache (kastrierte Hengste) meist in getrennten Herden. Manchmal sind die Herden auch gemischt. In Gestüten, wo Pferde gezüchtet werden, leben die Fohlen oft nur mit ihren Müttern. Hengste werden allein gehalten.

Warum haben Pferde Hufe?

Die frühen Vorfahren des Pferdes lebten vor 70 Millionen Jahren auf sumpfigen Böden. Ihre kurzen Beine mit mehreren Zehen waren daran angepasst. Vor 20 Millionen Jahren veränderte sich das Klima. Der Lebensraum der Pferde wurde trockener, der Boden härter. Die dichten Wälder verschwanden. Für eine schnellere Fortbewegung entwickelten sich Tiere mit längeren Beinen. Die ursprünglich vier Zehen verkümmerten bis auf eine (→ S. 6).

Da nur noch diese eine Zehe das Gewicht des Pferdes tragen und abfedern musste, wurde sie breiter und der Huf (Hufbein) entstand. Neben diesem Knochen gibt es noch andere harte und weiche, elastische Bestandteile, die zum Huf gehören. Zum Schutz ist er außen von Horn umgeben. Vorder- und Hinterhufe sind unterschiedlich geformt. Vorn sind sie eher rund und etwas größer, hinten oval. Auf den Vorderhufen lasten zwei Drittel des Gewichtes.

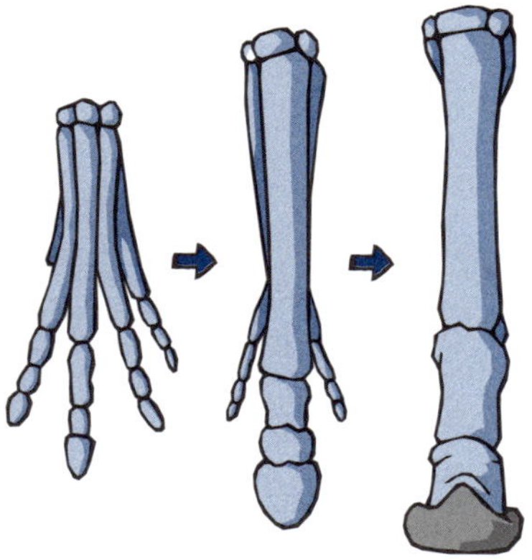

Können Pferde tanzen?

Macht das Pferd nur ganz kurze Sprünge, fast auf der Stelle, so sieht es aus, als ob es tanzt. In Nordafrika gibt es Reiterspiele mit tanzenden Berberpferden. Sie heißen Fantasia. Die natürlichen Gänge eines Pferdes sind Schritt, Trab und Galopp. Von diesen so genannten Grundgangarten gibt es verschiedene Geschwindigkeiten. Macht das Pferd ganz lange Galoppsprünge, wie im Renngalopp, kann es auf kurzen Strecken bis zu 70 Stundenkilometer schaffen. Daneben gibt es eher ungewöhnliche Gangarten wie Tölt und Passgang. In vielen Pferderassen gibt es Passgänger, sie setzen erst das rechte Vorder- und Hinterbein und danach das linke Vorder- und Hinterbein auf. Die Gangart Tölt ist ein schneller, schaukelnder Trippelschritt ohne Pause. Keines der Beine ist wie bei Trab und Galopp in der Schwebe. Pferde mit diesen Fähigkeiten nennt man Gangpferde. Typische Vertreter sind Islandpferde, Paso Peruanos, Missouri Foxtrotter und einige Traberpferde.

Wieso haben Pferde eine lange Mähne?

Nicht immer hatten Pferde eine lange Mähne. Esel, Zebras und Przewalski-Pferde tragen immer noch mit ihrer kurzen, stehenden Mähne eine Art Bürstenschnitt.
Früher fielen allen Pferden im Fellwechsel regelmäßig Mähne und Schweifhaare mit aus. Bei einigen Pferden verhinderte ein Fehler im Erbmaterial das Abwerfen der Schweif- und Mähnenhaare, die dann immer länger wuchsen.
Schon vor einigen tausend Jahren gefiel dem Menschen diese üppige Haarpracht und er wählte diese Pferde zur Zucht (→ S. 10) aus. Eine Aufgabe als Wetter- oder Fliegenschutz hatte die lange Mähne also eigentlich nicht. Vor einigen hundert Jahren gab es sogar Frisöre für Pferde, deren Mähnen bis zu sechs Meter lang waren.
Heute fallen vor allem Friesen, Berber und spanische Pferde durch ihr prächtiges Langhaar auf.
Eine Ausnahme ist das amerikanische Curly Horse (Lockenpferd), das Mähne und Schweif im Fellwechsel abwirft. Die kurze Stehmähne des Fjordpferdes ist künstlich geschnitten.

Was ist der Unterschied zwischen Pferd und Pony?

Ponys sind kleine Pferde. Um als Pony bezeichnet zu werden, darf ein Pferd nicht größer als 147 Zentimeter sein. Man nennt es sonst in der Reitersprache Pferd oder sogar Großpferd. Die Größe von Ponys und Großpferden wird mit einem Stock vom Boden aus am Vorderbein entlang bis zum höchsten Punkt der Schulter (Widerrist) gemessen. Man nennt dieses Maß daher Schulterhöhe, Widerristhöhe oder Stockmaß. Für Ponys sind runde Formen typisch, sowie eine üppige Behaarung an Mähne und Schweif, kurze Ohren und eine breite Stirn. Im Vergleich zu seiner Größe hat ein Pony ein auffallend breites Hinterteil und eine breite Brust. Ponys besitzen einen ganz besonderen Charakter und einen starken Willen zum Überleben. Sie sind zwar oft dickköpfig, aber gelten durch ihre Gutmütigkeit allgemein als gute Freunde von Kindern.

Welches ist das größte, welches das kleinste Pferd?

Das größte und schwerste Pferd ist das Shire Horse, ein englisches Kaltblutpferd. Hengste werden mit einer Schulterhöhe von bis zu 2,20 Meter weit über 1000 Kilogramm schwer. Trotz seiner Größe ist dieser Riese sehr gutmütig und arbeitswillig. Man kann auf ihm sogar reiten.
Die kleinste Rasse mit etwa 51 Zentimeter Höhe und nur 14 Kilogramm ist das Falabella-Pony. Dieses Pony ist eigentlich nur ein sehr kleinwüchsiges Pferd und zeigt nicht alle Merkmale des Ponys. Das eigentlich bekannteste und kleinste Pony ist das Shetland-Pony. Im Vergleich zu seiner Größe bis 109 Zentimeter ist es aber eines der stärksten Pferde. Der Mensch wünschte sich jedoch noch kleinere Pferde und so entstanden aus besonders kleinen Shetland-Ponys die Mini-Shetland-Ponys und später die Falabellas. Das kleinste jemals geborene Pony wurde nur 36 Zentimeter groß.

Können Pferde schwimmen?

Pferde können von Geburt an schwimmen. Ihr ganzer Körper ist beim Schwimmen bis zum Kinn unter Wasser, nur der Kopf schaut heraus. Wenn Pferde schwimmen, sieht es aus, als ob sie traben. Sie holen aber weiter nach vorn aus als beim Trab und strecken sich weit nach hinten. Der Rücken wird auf diese Weise völlig entlastet. Schwimmen ist für Pferde anstrengender als schneller Galopp. Trotzdem schwimmen Pferde gern. Ihre Vorfahren mussten auf den Wanderungen oft Flüsse und Seen durchqueren. Junge Fohlen haben aber Angst vor tiefem Wasser und gehen nur mit ihrer Mutter hinein. Es gibt einzelne Pferde aus wasserarmen Gebieten (zum Beispiel Araberpferde), die wasserscheu sind. Sie müssen sogar an Pfützen gewöhnt werden.

Will ein Reiter mit seinem Pferd schwimmen gehen, darf er auf keinen Fall auf seinem Rücken sitzen bleiben, sondern muss nebenher schwimmen.

Können Pferde gut riechen?

Pferde können gut riechen, weil sie große Nasen (Nüstern) haben. Möglicherweise ist der Geruchssinn der am stärksten ausgebildete Sinn. Er spielt eine wichtige Rolle für das Gefühl von Sicherheit. Pferde erkennen sich untereinander am Geruch. Treffen sich Pferde, beschnuppern sie sich erst einmal ausgiebig. Diese „Duftsprache“ gibt Auskunft darüber, wen man vor sich hat, ob derjenige gesund ist und welche Laune er hat. Dabei erfährt ein Hengst natürlich auch, ob eine Stute bereit zur Paarung ist. Pferde finden mit ihrer Spürnase ohne Mühe ihren Nachhauseweg. Menschen, die in der Wüste leben, erzählen, dass Pferde sogar Wasser riechen können, das unter der Erde verborgen ist.

Pferde besitzen zusätzlich zu den Nüstern noch ein anderes Riechorgan, das das Jacobson'sche Organ genannt wird. Mit hochgestülpter Oberlippe können sie damit einen Duft „ansaugen“. Man nennt dieses Verhalten „flehmen“.

Wie lange bleibt ein Fohlen bei seiner Mutter?

Zwischen Frühling und Herbst werden Stuten ab dem zweiten Lebensjahr rossig, das heißt, sie sind paarungsbereit und wünschen sich ein Fohlen. Werden sie vom Hengst gedeckt, kommt nach elf Monaten ein Fohlen zur Welt. Zwillinge sind sehr selten.

Gleich nach der Geburt leckt die Mutter ihr Junges sauber. Nach etwa einer Stunde kann es aufstehen und trinkt am Euter der Stute. Pro Tag braucht es 20 bis 30 Liter und muss 40 bis 50 Mal am Tag zur Mutter. Nach einigen Wochen fängt es schon an, Gras zu fressen und mit sechs Monaten kann es von der Mutter getrennt werden. Bleibt es bei der Mutter, säugt sie es anderthalb Jahre lang. Im Alter von fünf Jahren hat ein Pferd seine volle Größe und sein komplettes Gebiss. Dann ist es erwachsen.

Erkennen Pferde Menschen und andere Pferde?

Genau wie Feinde erkennen Pferde auch ihre Freunde. Die Augen sind seitlich am Kopf und können einen großen Umkreis überblicken (→ S. 24). Außerdem sind ihre Ohren und Nasen gut ausgebildet (→ S. 32). Gerüche werden über den Wind von weit her in die Nasen geweht. Schon ein junges Fohlen lernt in der Herde auf kleinste Zeichen, wie zum Beispiel ein Ohrenwackeln, zu achten. Dadurch lernen sie schon sehr früh zu beobachten. Unterlegene Pferde der Herde erkennen Tiere mit einer hohen Position (ranghoch) an ihrem Aussehen und selbstbewussten Verhalten. Die Körpersprache spielt eine große Rolle. Einen Menschen erkennt ein Pferd von weitem oft eher am Gang oder an der Figur, als dass es ihn deutlich sehen könnte. Auch am Geruch und an der Stimme wird es eindeutig feststellen, wer da vor ihm steht. Vor allem erfahrene ältere Mitglieder einer frei lebenden Herde erkennen Gefahren, zum Beispiel Raubtiere, schon von weitem an ihren Körperformen und Bewegungen.

Halten sich Pferde selbst sauber?

Echte Wildpferde und verwilderte Hauspferde kennen natürlich keine Bürsten und Hufkratzer. Die Fellpflege hat demnach einen festen Platz im Leben aller Pferde. Vor allem während des Fellwechsels spielen das Selbstbeknabbern mit den Zähnen, Belecken des Körpers, Kratzen mit den Hinterhufen und Scheuern an Gegenständen eine große Rolle. Hinzu kommen noch Wälzen, Baden und Schütteln. Selbst gut geputzte Pferde wälzen sich gern auf trockenem, staubigem, gern sandigem Untergrund. Wälzen wirkt auf die anderen Herdenmitglieder ansteckend. Nach einem Schlammbad schütteln sich bei großer Insektenplage die Pferde oft nicht, damit die Kruste als Schutz haften bleibt. Neben der Pflege des eigenen Körpers beknabbern sich befreundete Pferde auch gern gegenseitig. Diese Art der Fellpflege kommt nicht nur der Sauberkeit zugute, sondern sie stärkt auch die Freundschaft und entspannt die Tiere.

Wie lange leben Pferde?

Die meisten Reitpferde leben etwa 20 bis 30 Jahre. Zwischen dem sechsten und zwölften Lebensjahr zeigen sie ihre besten Leistungen. Wichtig für ein langes Pferdeleben sind regelmäßige Bewegung sowie pferdefreundliches Reiten und gesunde Unterbringung. Leider halten sich nicht alle Besitzer von Pferden daran. So müssen viele Pferde wegen zu großer Schmerzen und unheilbarer Krankheiten der Beine, des Rückens oder der Lunge schon früh vom Tierarzt getötet werden. Turnierpferde werden manchmal nur acht Jahre alt, denn übertriebener Leistungssport ist auch für ein Pferd nicht gesund.

Einige Pferde werden uralt. Das Pferd, das vermutlich am ältesten wurde, lebte vor ungefähr 250 Jahren in England. Es wurde angeblich 62 Jahre alt und schleppte bis zu seinem Lebensende Lasten. Ponys werden oft älter als Großpferde. Eines der ältesten in Deutschland ist ein Shetland-Pony mit 48 Jahren, das 30 Jahre lang geritten wurde.

Haben Pferde manchmal schlechte Laune?

Wie jedes andere Lebewesen auch, hat ein Pferd seinen eigenen Charakter. So gibt es ruhige und temperamentvolle Pferde. Aber auch das geduldigste Pferd kann ab und zu schlechte Laune haben. Pferde-Fachleute streiten darüber, ob Stuten „zickiger" sind als männliche Pferde. Besonders während der Zeit, wenn Stuten zur Paarung bereit sind (Rosse), werden einige von ihnen unruhig und reizbar.
Andere Ursachen für schlecht gelaunte Pferde können Schmerzen sein, schlechtes Futter, Langeweile oder Auseinandersetzungen in der Herde. Zu wenig Bewegung, aber auch zu viel Training mit wenig Abwechslung führen ebenfalls zu lustlosen Pferden. Es muss auch Zeit sein zum ausgiebigen Putzen, zum Spazierengehen oder Spielen. Spürt ein Pferd Zuwendung und hat es ausreichende und abwechslungsreiche Bewegung, kann man manchmal die schlechte Laune in gute umwandeln.

Im Dienst des Menschen – Das Pferd als treuer Freund und Helfer

Hatten die Indianer schon immer Pferde?

Die Indianer lernten Pferde erst vor etwa 500 Jahren kennen. In dieser Zeit kamen viele Eroberer aus Spanien nach Amerika. Auf ihren Schiffen brachten sie Reitpferde mit. Die Indianer mussten diese Pferde versorgen und probierten heimlich das Reiten. Ab und zu stahlen sie Pferde. Sie schlachteten sie oder verkauften sie an die Indianer in den Prärien, die Büffel jagten. Zum Einreiten wurde ein Pferd gefesselt, zu Boden geworfen und mit einer Schlinge um den Hals gewürgt bis es sich ergab.

Pferde dienten als Reittier, Fleischmahlzeit und zogen auf einer Art Trage den Hausrat und die Kinder. Erst viel später fingen die Indianer entlaufene, verwilderte Pferde (Mustangs → S. 12) ein. Die Indianer züchteten auch eigene Rassen. Bei einigen Indianern spielten Pferde keine Rolle, sie bauten Bohnen an und jagten Robben.

Gibt es heute noch Cowboys?

Cowboys sind Kuhhirten (englisch „Kuhjunge“) zu Pferd. Aus unzähligen Büchern und Filmen sind dir diese mutigen Reiter aus Amerika sicher bekannt. Ihr hartes Leben wird oft viel zu märchenhaft dargestellt. Ihre Aufgabe ist es damals wie heute, große Rinderherden über weite Entfernungen zu treiben.

Das Pferd ist der wichtigste Partner eines Cowboys, auf den er sich fest verlassen muss. Nicht alle Pferde eignen sich dafür. Solch ein Pferd wird lange ausgebildet und zeichnet sich vor allem durch Schnelligkeit, Geschicklichkeit und Gehorsam aus.

Einige Pferderassen, z. B. Quarter Horses (→ S. 12), besitzen ein besonderes Gespür für das Verhalten von Rindern, man nennt das im Englischen „cow sense“. Stell dir vor: Cowboy-Pferde werden von ihren Besitzern wie Autos geparkt und laufen nicht weg. Ihre tollen Reitkünste führen Cowboys manchmal bei Rodeos vor.

Wozu brauchen Menschen Pferde?

Als Maschinen noch nicht sehr verbreitet waren, bis vor etwa 100 Jahren also, waren Pferde als Träger von schweren Lasten, als Zugtiere vor Kutsche und Pflug und als Reittiere zur Fortbewegung von einem Ort zum anderen sehr wichtig. Die kräftigen Kaltblutpferde (→ S. 16) zogen Busse und Straßenbahnen in den Städten. Sie halfen beim Bau von Eisenbahnlinien und in den Getreidemühlen. Auch im Krieg spielten sie eine große Rolle. Heute arbeiten nur noch wenige Pferde in der Landwirtschaft, in den Wäldern oder auch bei der berittenen Polizei. Im Freizeitsport werden Pferde immer wichtiger. Neben der Reiterei gewinnt auch das Fahren in Kutschen immer mehr Freunde. Es gibt verschiedene Reitsportarten, Jagd- und Wanderreiten, aber auch das „Therapeutische Reiten" für kranke Menschen. Vereinzelt sieht man Ponys als Helfer für Blinde. Der Mensch jagt zwar keine Pferde mehr, aber in einigen Ländern isst man gern Pferdefleisch.

Welche Reitweisen gibt es?

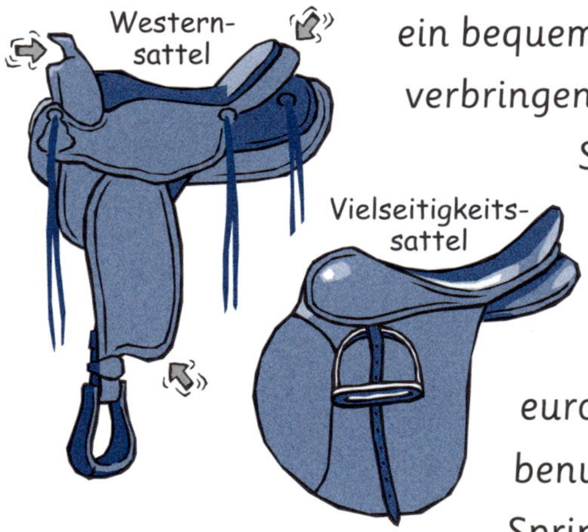

Weltweit haben sich ganz unterschiedliche Reitweisen entwickelt. Es kommt ganz darauf an, wofür man das Pferd braucht. Die Cowboys benutzen einen Westernsattel, der vor allem ein bequemer Arbeitssattel sein muss. Sie verbringen viele Stunden am Tag in diesem Sattel. Auch viele Freizeitreiter benutzen zunehmend Westernsättel, denn diese ganze Reitweise ist viel lockerer als die europäische Sportreiterei. Die dafür benutzten Dressur-, Renn- und Springsättel sind nicht dafür gemacht, stundenlang auf dem Pferderücken zu liegen. Will man mit einem Pferd lange Strecken zurücklegen, gibt es dafür besonders bequeme und leichte Wanderreitsättel. Pferde werden in anderen Ländern mit den dort üblichen Methoden und Sätteln geritten. Bei uns sind immer mehr Reiter neugierig auf neue Reitweisen und wählen für sich und ihr Pferd die geeignetste aus.

Warum gibt es so viele verschiedene Trensen?

Eine Trense hilft beim „Lenken“ des Pferdes, aber sorgt auch für einen geschmeidigen Gang. Sie besteht aus einem Gebiss oder Mundstück aus Gummi oder Metall, das man dem Pferd ins Maul schiebt. Daran sind Lederriemen für den Kopf und Zügel befestigt. Früher waren einige Trensen für das Pferd sehr schmerzhaft und verletzten Maul und Zähne. Heute benutzen Reiter oft sanftere Methoden. Mit Pferden, die man aus Neugier und Interesse aus anderen Ländern holte, lernten die Pferdefreunde neue Reitweisen und Ausrüstungen kennen. Vor allem die Westernreiterei im Stile der Cowboys fand schnell viele neue Anhänger. Dabei werden die Zügel anders als bei der englischen Reitweise lose hängen gelassen. Die Trensen haben eine andere Form. Zunehmend beliebt ist auch das gebisslose Reiten, bei dem das Pferd gar nichts im Maul oder nur einen Halsring trägt.

Darf man auf Pferden turnen?

Im Zirkus sehen die Vorführungen der Artisten auf ihrem Pferd leicht aus, aber sie müssen dafür lange üben. Sie sind nicht nur gute Reiter, sondern auch ihr Körper ist elastisch und trainiert. Sie werden sich also nicht wie ein Mehlsack auf ihr Pferd fallen lassen. Deshalb tut es dem Pferd auch nicht weh, wenn Artisten ihre Kunststücke vorführen.

Die meisten Reitanfänger sind am Anfang steif und lassen sich in den Sattel fallen. Eine gute Möglichkeit, sich an die Bewegungen eines Pferdes zu gewöhnen und dabei das Gleichgewicht zu halten, ist das Voltigieren. Das speziell ausgebildete Voltigierpferd läuft an einem langen Strick (Longe) im Kreis. Es trägt keinen Reitsattel, sondern nur einen Voltigiergurt mit zwei Griffen. Während das Pferd im Kreis galoppiert, springen einer oder mehrere Reiter auf das Pferd auf und zeigen verschiedene Übungen. Inzwischen ist das Voltigieren eine Wettkampfdisziplin im Reitsport.

Wie weit kann ein Pferd an einem Tag reiten?

Pferde sind ausdauernde Langstreckenläufer. Ihre Vorfahren begaben sich auf der Suche nach neuen Weiden regelmäßig auf lange Wanderungen. Dabei konnten sie sich in ihrem eigenen Tempo bewegen. Treibt ein ehrgeiziger Reiter sein Pferd bis zur Erschöpfung voran, kann es sich gegen diese Überlastung nicht wehren.
Vor mehr als hundert Jahren galt es im Militär als Sport, sein Pferd auf Langstreckenritten auf Härte und Ausdauer zu testen. Viele Pferde starben danach völlig entkräftet. Beispiele für solche Langstreckenrennen sind eine Strecke von 250 Kilometern in 24 Stunden.
Heutzutage unterscheidet man das Wanderreiten und das Distanzreiten. Beim Wanderreiten ist man bei längeren Entfernungen mehrere Monate in gemütlichem Tempo unterwegs. Im Distanzreitsport müssen Strecken zwischen 25 und 160 Kilometer möglichst schnell an einem Tag zurückgelegt werden. Die Pferde werden unterwegs von Tierärzten kontrolliert.

Warum gibt es Brandzeichen?

Brandzeichen werden dem Pferd durch glühende Eisen auf dem Oberschenkel oder am Hals eingebrannt. Die Stelle vernarbt und die unteschiedlichen Formen, Bilder oder Buchstaben bleiben für immer sichtbar. Brandzeichen erfüllen unterschiedliche Zwecke.

Vor allem in früheren Zeiten kennzeichnete ein Besitzer seine Pferde mit seinem Zeichen. Große Gestüte, das heißt Zuchtstationen, haben ihre eigenen Zeichen. Manche Pferde tragen zusätzlich noch ein Zeichen dafür, von welchen Eltern sie abstammen und wo sie selbst in einem Zuchtbuch eingetragen sind. Viele Reiter finden inzwischen die Geburtsurkunde ihres Pferdes ausreichend und wollen es nicht mit einem Brandzeichen ausstatten. Sie betrachten das Pferd nicht als ihr Eigentum, sondern als Freund und Leihgabe der Natur. Einige Pferdebesitzer ziehen Pferde ohne Stammbaum vor. Diese haben kein Brandzeichen.

Kann man auch reiten, wenn man gelähmt ist?

Genau wie in anderen Sportarten gibt es für Körperbehinderte auch beim Reitsport Wettkämpfe bis hin zu den Olympischen Spielen. Mit einigen Hilfsmitteln an Zügeln und Sattel ist ein fast normales Reiten im Spring- und Dressursport möglich. Doch bis zur Weltspitze ist es ein weiter Weg.

Körperlich oder geistig behinderte Menschen fangen wie jeder Reitanfänger erst einmal klein an. Man nennt ihre Reitweise „Therapeutisches Reiten“. Die Pferde dafür gehören keiner bestimmten Rasse an. Sie müssen aber besonders gemütlich, freundlich, zuverlässig und absolut ohne Scheu sein. Therapiepferde brauchen eine besondere Ausbildung und werden erst ab einem Alter von sechs Jahren eingesetzt. Für Menschen, die zum Beispiel selbst nicht laufen können, sind die schwingenden Bewegungen auf dem Pferderücken sehr angenehm. Der Umgang und die Pflege des tierischen Freundes ist für behinderte Reiter genauso schön wie für alle anderen auch.

Unterbringung und Umgang – Wie man sein Pferd am besten versteht

Fressen Pferde nur Gras?

Alle Pferde und ihre Verwandten ernähren sich als Pflanzenfresser überwiegend von Gräsern und Kräutern. Frei lebende Pferde ergänzen diesen Speiseplan mit Rinde, Zweigen, Moos und Sumpfgräsern. Pferde im Dienste des Menschen bekommen stattdessen Raufutter wie Heu, Stroh oder Silage (eine Art Sauerkraut aus Heu oder Stroh).

Pro Tag fressen Pferde je nach Größe bis zu 30 Kilogramm Gras oder sieben Kilogramm Heu. Daneben mögen sie gern Rübenschnitzel, Möhren, Rote Beete, Äpfel und Bananen. Muss ein Pferd viel arbeiten, braucht es als Kraftfutter Getreide – Hafer, Gerste oder Mais. Daneben gibt es auch fertig gemischtes Futter in Form von Pellets. Einige dieser Futtermischungen enthalten schon alle notwendigen Mineralien und Vitamine. Wie viel es davon braucht, hängt von der Leistung des Pferdes ab. Pferde haben einen recht kleinen Magen und sollen daher in kleinen Mengen, dafür aber öfter gefüttert werden.

Warum sind Pferdeäpfel rund?

Genau wie Kühe fressen Pferde gern Gras und doch hinterlassen sie keine Fladen. Die weitere Verarbeitung der Nahrung im Körper (Verdauung) funktioniert beim Pferd anders als bei der Kuh. Es ist kein Wiederkäuer: Das Futter wird nach dem Zerkauen nur einmal hinuntergeschluckt. Dann bewegt es sich als matschiger Brei durch den Magen und die ersten drei Därme. Im vierten Darm formen kräftige Muskeln eine lange, feste Kotwurst.

Im fünften und letzten Darm entsteht erst die typische Äpfelform. In der Darmwand liegen bauchige Taschen. Schmale Muskeln schnüren beim Zusammenziehen runde Kotballen von der Wurst ab.

Ist eine Portion Äpfel fertig, drückt sie auf den After. Das Pferd bleibt stehen und äpfelt.

Schwitzen Pferde im Sommer?

Pferde schwitzen im Sommer. Damit es ihnen nicht zu warm wird, tragen sie ein dünnes Sommerfell. Pferde sind wahre Künstler in Sachen Anpassung an die jeweilige Jahreszeit. Über mehrere Jahrmillionen haben sie den Umgang mit Hitze und Kälte gelernt. Nur die Pferde, die diese Anpassung schafften, haben überlebt. Sie konnten diese Fähigkeit an ihre Kinder weitergeben. Beim Wechsel von einer Jahreszeit zur anderen arbeitet der Pferdekörper auf Hochtouren. Im Frühjahr fliegen die Haarbüschel nur so, denn im Sommer will kein Pferd im Winterpelz schwitzen. Nur die langen Mähnen scheinen nicht zu stören. Brennt die Sonne so richtig heiß, ist ein Schattenplatz sehr wichtig, denn Pferde können überhitzen und einen Sonnenstich bekommen. Einige Pferde mit weißen Abzeichen (→ S. 21) am Kopf brauchen gegen Sonnenbrand sogar Sonnenmilch. Daneben ist die Versorgung mit Wasser lebenswichtig.

Brauchen Pferde im Winter eine Decke?

Frei lebende Pferde brauchen keine Decke, denn ihr Fell entwickelt sich im Winter zu einem dichten Pelz. Auch Reitpferde, die viel draußen sind und in ungeheizten Ställen stehen, brauchen dieses Wärmepolster nicht. Diese natürliche Anpassung des Pferdes an Kälte verträgt sich aber manchmal nicht mit der Reiterei. Mit seinem dicken Winterfell schwitzt ein Sportpferd beim Training. Stellt man das Pferd nass geschwitzt auf die Weide, kann der Körper bei nasskaltem Wetter nicht schnell genug Wärme entwickeln. Das Pferd kann sich erkälten. Dafür gibt es spezielle Abschwitzdecken. Viele Besitzer von Sportpferden wollen aber erst gar nicht, dass Winterfell wächst und so decken sie ihr Pferd im Herbst ein. Das Fell bleibt dann kurz. Einige scheren ihrem Pferd das Fell auch extra kurz, damit es schneller trocknet. Will man sein Pferd ohne Decke draußen lassen und trotzdem viel Leistung verlangen, kann man auch nur an einigen Stellen das Fell scheren.

Warum findet man kaum Hengste in Reitställen?

In einigen Gestüten lebt der Zuchthengst wie die frei lebenden Pferde mit seinen Stuten und ihren Fohlen. Viele Hengste sind so gut erzogen, dass sie sich in der Nähe anderer Hengste, zum Beispiel bei Turnieren, ruhig verhalten.
Meist müssen Hengste jedoch allein untergebracht werden, da ihr typisches männliches Verhalten unerwünscht ist.
Zu diesen Hengstmanieren gehört es, dass ein Hengst sein Gebiet, also seine Koppel, gegen Eindringlinge verteidigt. Fremde Menschen oder gar andere Pferde werden beim Betreten angegriffen. Für die Einzäunung einer Koppel für Hengste braucht man einen höheren Zaun, da sie in der Nachbarschaft von paarungsbereiten Stuten unberechenbar sind. Das Reiten auf einem Hengst kann auf Grund seines wilden Temperaments gefährlich sein. Um all diese Probleme zu vermeiden, sind fast alle männlichen Freizeitpferde Wallache. So nennt man kastrierte Hengste. Sie können keine Fohlen mehr zeugen.

Ab welchem Alter wird ein Pferd ausgebildet?

Schon das junge Fohlen an der Seite seiner Mutter muss Respekt und Gehorsam gegenüber dem Menschen lernen. Später kann es ansonsten zu einer ernsthaften Gefahr für Menschen werden. Es muss wissen, dass es ungefährlich ist, ein Halfter zu tragen und sich führen zu lassen. Später soll es sich anbinden lassen und die Hufe zum Säubern anheben. Die Ausbildung von jungen Pferden erfolgt in kleinen Schritten. Mit zwei bis drei Jahren erlernen sie Übungen, werden aber noch nicht geritten. Man nennt dies Bodenarbeit.

Die nächste Stufe ist die Gewöhnung an Trense und Sattel. Erst mit vier Jahren beginnt man mit dem Einreiten des Pferdes. Vorher ist der Rücken des Fohlens zu schwach zum Tragen des Reiters. Der Ausbilder bringt dem Jungpferd nun bei, wie es zum Beispiel auf Zeichen mit den Schenkeln oder Zügeln reagieren soll. Nachdem es die ersten, wichtigsten Zeichen (Hilfen) kennt, kann man ihm immer mehr beibringen.

Warum erschrecken Polizeipferde nicht?

Polizeipferde werden speziell ausgebildet, bevor sie sich so ruhig in Menschenmassen verhalten. Neben dem Reiten gibt es nämlich Übungen, die dem Pferd Gelassenheit und Vertrauen gegenüber dem Menschen beibringen. Die Beschäftigung mit dem Pferd vom Boden aus spielt eine sehr wichtige Rolle bei der Verständigung zwischen Mensch und Pferd. Man muss die Pferdesprache lernen, damit das Pferd freiwillig und mit Spaß seine Aufgaben erfüllt. Der Mensch sollte ruhig und bestimmt sein. Gehorsam kann man zum Beispiel mit Führübungen am Halfter überall üben. Aufmerksamkeit und Gelenkigkeit schult man, wenn man das Pferd über Stangen steigen und um Reifen und Plastikhütchen laufen lässt. Ruhe und Gelassenheit trainiert man nach und nach, indem man das Pferd an Plastikfolien, Luftballons, Flatterbändern und Klappersäcken vorbeiführt, vor denen es ohne dieses Training große Angst hat.

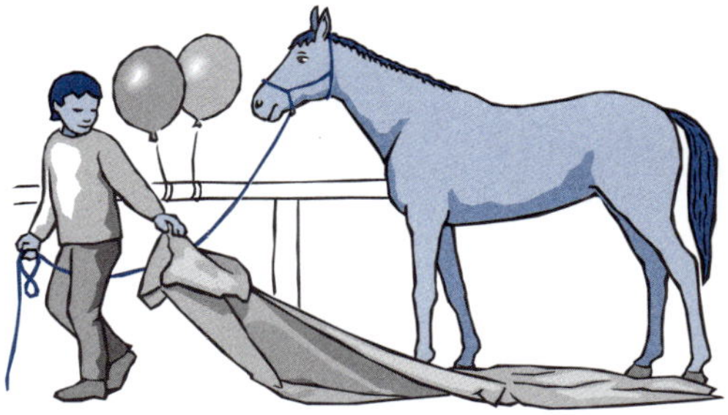

Kann man mit Pferden spielen?

Spielen fördert die Aufmerksamkeit und die Freundschaft zwischen Pferd und Mensch. Alle Lebewesen erlernen beim Spiel bestimmte Fähigkeiten, so auch Pferde. Vor allem Jungtiere springen und rennen gern wild umher. Aber auch ältere Pferde kann man beim Herumtollen beobachten, sobald sie die Möglichkeit dazu bekommen.

Leider wollen viele Reiter am liebsten nur reiten und sich nicht nach Pferdeart mit ihrem Pferd beschäftigen. Das Spiel zwischen Mensch und Pferd hilft beiden, sich gegenseitig besser zu verstehen. Natürlich ist der Mensch den körperlichen Kräften eines Pferdes nicht gewachsen. Das Pferd muss lernen, Rücksicht zu nehmen und die Zeichen des Menschen zu verstehen. Dann kann man Verstecken spielen, das Pferd auf eine Wippe oder auf die Hinterbeine steigen lassen oder sich spielerisch von ihm verfolgen lassen. Kleine, verspielte Zirkustricks lernt jedes Pferd gern.

Müssen Pferde Hufeisen tragen?

Frei lebende Pferde tragen natürlich keine Hufeisen. Einige Pferderassen haben harte Hufe und brauchen eher keine Hufeisen. Etwa ein Drittel unserer Pferde laufen barfuß, das heißt ohne Hufeisen. Ihre Hufe brauchen Pflege. Aber die meisten Pferde müssen Hufeisen tragen, also beschlagen werden. Wenn zum Beispiel Kutschpferde viel auf der Straße laufen, nutzt sich sonst das Horn ihrer Hufe zu stark ab. Es gibt viele verschiedene Hufeisen für unterschiedliche Zwecke.

Fohlen oder auch erwachsene Pferde können gesundheitliche Probleme an den Beinen oder Hufen haben, die der Hufschmied mit Hilfe von speziellen Hufeisen korrigieren kann. Es gibt sogar richtige Hufschuhe, leichtere Hufeisen aus Kunststoff und für Rennpferde auch aus Aluminium. In Hufeisen kann man im Winter Stollen einschrauben, wie bei Fußballschuhen, damit die Pferde nicht auf Eis rutschen.

ohne Eisen

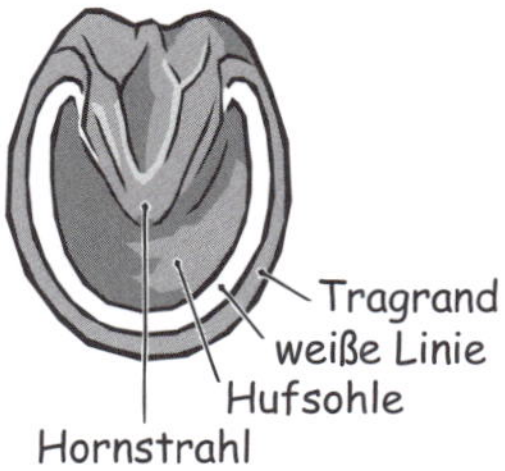

mit Eisen

Vorderhuf

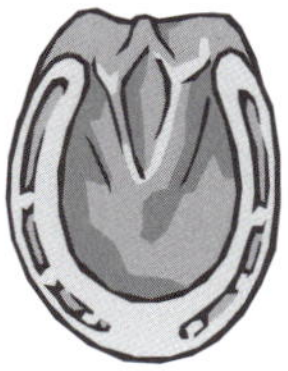

Hinterhuf

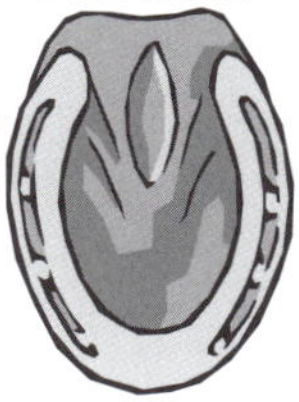

Können Pferde krank werden?

Wildpferde sind an das Leben in der trockenen Steppe mit kargem Futterangebot und klarer Luft angepasst. In ihrer Herde sind sie nie allein. Die Mehrzahl unserer Hauspferde lebt unter ganz anderen Bedingungen. Viele von ihnen stehen fast den ganzen Tag ohne Bewegung allein im Stall und bekommen zu viel Futter. Sie vertragen nicht den Staub der Stallluft oder von schlechtem Heu und Stroh. Ständiger Husten ist die Folge. Pferde sollen eher kalt als warm untergebracht werden. Die fehlenden Kontakte zu anderen Pferden macht ihre Seele krank und sie können Verhaltensstörungen entwickeln. Das Überangebot an Futter bringt ihren Magen und Darm durcheinander, manchmal führt das sogar zu tödlichen Bauchschmerzen (Kolik). Bei Überlastungen bekommt ein Pferd schnell Entzündungen an den Beinen und kann zum Teil monatelang nicht geritten werden. In regelmäßigen Abständen muss es auch gegen Krankheiten geimpft und gegen Würmer behandelt werden.

Können Pferde erkennen, ob ihr Reiter nett ist?

Pferde wissen genau, wer sie versorgt und wie derjenige sie behandelt. Lehnen sie jemanden ab, werden sie ihm unwillig oder gar nicht folgen. Es gibt gute Reiter, die mit einigen Pferden trotzdem nicht gut zurechtkommen. Pferde mögen im Allgemeinen Menschen, die ruhig mit ihnen umgehen und ihr Verhalten verstehen. Sie wehren sich gegenüber ungeduldigen Menschen, die an ihnen herumreißen, sie anschreien oder sogar schlagen.

Zur Pflege und zum Aufwärmen des Pferdes vor dem Reiten sollte sich der Reiter Zeit nehmen. Bürsten ist nicht nur Fellpflege, sondern entspannt das Pferd und massiert seine Muskeln. Trotz aller Streicheleinheiten muss das Pferd gehorchen. Der Mensch muss immer dem Pferd überlegen sein. Das Pferd kann ihn sonst nach Pferdeart wie einen schwächeren Artgenossen wegstoßen, nicht beachten, weglaufen oder abwerfen. Geht man mit dem Pferd freundlich, aber bestimmt um, respektiert es seinen Reiter und freut sich trotzdem auf ihn.

Wissen Pferde, was gut für sie ist?

Fohlen lernen von ihrer Mutter, indem sie beobachten und ihr Verhalten nachmachen, welche Pflanzen gefressen und welche abgelehnt werden. Aber Pferde können nicht zwischen giftigen und ungiftigen Pflanzen unterscheiden. Da aber Giftpflanzen oft bitter sind oder stark riechen, werden sie trotzdem meist gemieden. Durch die Stallhaltung ist leider der Instinkt der Pferde nicht mehr zuverlässig. Beim Freizeitreiten in der freien Natur kommen sie mit giftigen Wildpflanzen in Berührung und können sich gefährliche Vergiftungen holen, an denen sie sogar sterben können. Einige Beispiele für Giftpflanzen sind Eibe und Buchsbaum sowie die duftenden Maiglöckchen oder aber Hyazinthen. Außerdem kann ein Pferd auch durch falsches Verhalten Schaden nehmen. Haben Pferde keinen Kontakt zu anderen Pferden, können sie kein pferdetypisches, normales Verhalten lernen. Sie wissen nicht, wie sie richtig reagieren sollen und bringen sich unnötig in Gefahr.

Schmusen Pferde gern?

Beobachtet man Pferde auf der Weide, so sieht man sie oft beim gegenseitigen Beknabbern des Rückens und des Mähnenkammes.

Stuten beschützen ihr Fohlen, indem sie ihren Kopf und Hals über das Fohlen beugen. Begrüßt der Mensch sein Pferd, krault er ihm am besten nach Pferdeart den Mähnenkamm. Ist er sehr vertraut mit seinem Pferd, kann er ihm auch den Arm über den gebeugten Hals legen. Manche Pferde legen ihrem Menschen den Kopf auf die Schulter und suchen ganz bewusst seine Nähe. Vor dem Reiten oder vor anderen Übungen wird das Pferd gebürstet. Neben der Reinigung wird es dabei wie beim Streicheln massiert. Zu Beginn der Übungen vom Boden aus wird das Pferd am ganzen Körper berührt. Einige Pferde mögen das anfangs nicht, genießen es aber später. Lob nach gelungener Übung kann statt Leckerbissen auch eine Streicheleinheit sein. Der Reiter klopft vom Pferderücken aus meist lobend den Hals.

Register

Register